ORDONNANCE

DES ARCHIDVCQZ

noz Princes souuerains sur
le faict des monnoyes.

A ANVERS,

Chez Hierofme Verduffen, Imprimeur des monnoyes de
leurs Altezes Sereniff. nos Princes fouuerains,
demeurant en la rue dicte Cammerftrate,
à l'enfeigne du Lion rouge. 1619.
Auec Grace & Priuilege.

ORDONNANCE

DES ARCHIDVCQZ

noz Princes souuerains sur
le faict des monnoyes.

A ANVERS,

Chez Hierosme Verdussen, Imprimeur des monnoyes de
leurs Altezes Sereniss. nos Princes souuerains,
demeurant en la rue dicte Cammerstrate,
à l'enseigne du Lion rouge. 1619.

Auec Grace & Priuilege.

**A**Lbert & Ifabel Clara Eugenia Infante d'Efpagne, par la grace de Dieu Archiducqz d'Auftriche, Ducqz de Bourgoigne, de Lothier, de Brabant, de Lembourg, de Luxembourg, de Gueldres, Contes de Habsbourg, de Flandres, d'Arthois, de Bourgoigne, de Thirol, Palatins & de Hainnau, de Hollande, de Zeelande, de Namur, & de Zutphen, Marquis du fainct Empire de Rome, Seigneur & Dame de Frize, de Salins, de Malines, des Cité Villes & pays d'Vtrecht, d'Oueryffel & de Groeninge: A tous ceulx, qui ces prefentes verront falut. Comme fur les plainctes qui nous ont efté faictes de diuers endroicts, des grands defordres & abuz, qui fe commettoyent au fait des monnoyes, en contreuenant publiquement à noftre dernier Placcart fur ce decreté le vingtvniefme de May, mil fix cent dixhuit. Nous auons trouué neceffaire d'enuoyer aucuns nos Commiffaires, en quelques principalles villes de nos pays de pardeça, tant à fin de pourveoir aufdits defordres, que pour s'informer dont iceux procedoyent, enfemble des remedes que l'on y pourroit apporter. Lefquels Commiffaires nous ont fait rapport de ce que par eulx auoit efté trouué & fait en ce regard, & depuis ayans le tout fait veoir & examiner par ceulx de nos Confeils d'Eftat, Priué & Finances, Defirans pourveoir auf-

G 2   dits

dits defordres , pour le bien & foulagement de nos
bons & leaulx fubjectz , qui par infatiable auarice
des marchans & de leurs facteurs , font peu à peu
mangez & rongez , & le feront encores de plus en
plus, fi l'on ny apporte remede prompt & côuenable

I.

POVR CE EST IL , Que uous auons
ordonné, & ordonnons bien expreffement & à certes, qu'es pays de noftre obeiffance, efquels noftre
prefent Placcart fera publié, nulz deniers d'Or, ou
d'Argent, n'auront cours, finon ceulx permis par
noftredit Placcart dernier, ores & nô obftant qu'au-
cunes efpeces , y declarées billon, auroyent efté tol-
lerées par aulcuns nos Placcars precedens, aufquels
pour bonnes & iuftes raifons, auons en ce regard de-
rogué & deroguons par ces prefentes : Defendans
expreffement toutes autres fortes d'Or & d'Argent,
& d'exceder le prix que leur auons attribué par noftredit dernier Placcart.

I I.

Declarons d'auantage que combien que par icelluy auions permis & confenty de pouuoir receuoir
les vieulx pattars de trois gros la piece, & demy pattars, eftans de belle mife feulement, & iufques à qua-
tre pour cent, dela fomme dont fe feroit payement,
& non pour d'auantage: Neaumoins eftans à prefent informez, que prefques generallement tous lefdits vieulx pattars & demy pattars , font tellement
ron-

pongez & vfez, qu'ils ne vaillent à beaucoup pres le
pris, auquel ils ont efté eualuez, mefmes que l'on en
enuoye en trefgrande quantité en nofdits pays, &
qu'en lieu l'on en tire & importe aultres bonnes efpeces d'Or & d'Argent, qui caufe auffi le rehaulfement d'icelles, à la grande foule & intereft de nofdits
fubjects. Pour ces confiderations & aultres à ce
nous mouuans, auons ordonné & ordonnons, que
fix fepmaines apres la publication de noftre prefente Ordonnance lefdits vieulx pattars & demy pattars, n'auront plus cours, & les auons declaré & declarons deflors enauant billon, le tout aux peines
contenuës en noftredit Placcart dernier.

I I I.

Ayans auffi efté informez, que foubs couleur de
ce que par noftredit Placcart auions tolleré, que
ceulx faifans apporter des Prouinces voifines des
deniers defenduz ou declarez billon, pour les porter
ou enuoyer en nos monnoyes, les pourroyent rete-
nir quinze jours en leurs maifons, plufieurs defdites
efpeces ont efté diftribuées en nofdits pays en grâde
quantité. Ce qu'a auffi caufé le fufdit rehaulfement
des aultres efpeces bonnes & permifes. Nous auons
ordonné & ordonnons, que tous ceux qui def-
dits pays voifins feront apporter femblables efpeces
declarées billon, pour les enuoyer en nofdites monnoyes, feront tenuz de le donner à cognoiftre à l'officier de la premiere ville de nofdits pays, par où ils

            paffe-

paſſeront,& en quelle de noſdites monnoyes ils en-
tendent les enuoyer,& de ce prendre de luy certifica-
tion pertinente , à paine de la perte deſdites eſpeces,
& du quadruple d'icelles & d'aultres contenuës en
noſtredit placcart dernier,s'ils ſont conuaincuz d'a-
uoir apporté , ou fait apporter tel billon , & n'auoir
fait ladite declaration.

I I I I.

Et comme pluſieurs de noſdites villes ſe ſont
plainctes, qu'en icelles ny a changeurs eſtabliz. Ce
que les Maiſtres generaux de nos monnoyes diſent
prouenir de ce que difficillemét ils peuuent trouuer
perſonnes à ce qualifiées,qui veuillent entreprendre
ladite charge,moyennant le ſalaire pour ce ordonné
ne ſoit qu'ils ſoyent pardeſſus ce affranchiz de guet
& de gardes,& des maltotes ou acciſes, ayans cours
es villes de leurs reſidences.Nous conſiderans combien leſdits changeurs ſont neceſſaires , & combien
le ſeruice qu'ils rendent,eſt vtile au publicq,en s'ac-
quitant de leur debuoir leallement & ſincerement,
leur auons accordé & conſenti, accordons & con-
ſentous par ces preſentes ladite exemption de maltotes, d'acciſes, de guet & de garde,durant le temps
qu'ils exerceront ladite charge,par commiſsion deſ-
dits Generaulx de nos monnoyes.

V.

Et d'aultant que tous les debuoirs qui juſques à
preſent ont par nous eſté ordonnez,& qu'y ont ap-
por-

portez ceulx qu’auons à ce employé,n’ont peu em-
pefcher lefdits defordres. Auons iuftement efté
meuz d’ordonner,comme nous ordonnons par ces
prefentes , que ceux de nos Confeils, & Chambres
des comptes,& leurs Greffiers & autres Officiers en
dedans huict jours de la publlcation des prefentes,
feront ferment en forme deüe, chacun es mains du
Chef,Prefident,ou premier de fon College,qu’ils ne
compteront ou recepuront, & ne permetteront ou
fouffriront , que leurs femmes ou domefticques
comptent ou reçoiuent les efpeces d’or & d’argent
permifes par noftredit Placcart, à plus hault prix
qu’elles ne fnnt eualuées par icelluy.

V I.

Le mefme ferment feront es mains du principal
Officier de toutes villes , bourgs & bourgades les
Recepueurs de nos Domaines y refidens,tous ceux
du Magiftrat des mefmes lieux, leurs Secretaires,
Greffiers & Recepueurs ; & le rafrefchiront à tous
les renouuellemens des Magiftrats & loix,es mains
de nos Commiffaires , ou bien de noftre Officier
principal du mefme lieu.

V I I.

Semblable ferment feront pardeuant noftredit
Officier & ceulx du Magiftrat du lieu, tous Recepueurs des Eftats de nofdits pays,& des Prelats,Egli-
fes, Chappitres & Gentilshommes , leurs Commis
& Clerqz , tous Notaires, Huiffiers, & Sergeans,

Fer-

Fermiers & Collecteurs des Impoſtz, acciſes, tonn-
lieux, & droicts ſemblables.
V I I I.
Et auſſi tous Marchans principaulx,& Facteurs,
Doyens, Eſgardz & Iurez des Meſtiers de nos bonnes villes.

I X.
Leſquels ſermens ſeront enregiſtrez, auec declaration des jours qu’ils auront eſté preſtez, à fin
d’y auoir recours toutesfois & quantes que beſoing
ſera.

X.
Le tout à la diligence de nos Fiſcaulx & Officiers
des lieux reſpectiuemét,qui ſeront tenuz, vng mois
apres la publicatió des preſentes,aduertir nosCon-
ſeils des debuoirs par eux faicts en ce regard ; & noſdits Conſeils, nous en aduiſer,ou ceux de noſtredit
Conſeil Priué,& dedans vng autre mois enſuyuant.
X I.
Et ſi aulcuns de ceulx cy deſſus declarez font refuz de preſter ledit ſerment, Nous voulons que
ceulx qui ſeront cóſtituez en eſtatz,offices, ou char-
ges publicques, ſoyent incontinent ſuſpenduz
de l’exercice d’icelles ; & que les aultres ſoyent à ce
conſtrainctz par fermeture de leurs boutticques, &
ſuſpenſion de leur trafficque,& de l’exercice de leurs
meſtiers. Le tout nonobſtant appellation ou oppo-
ſition quelconcque, & ſans prejudice d’icelles.
Ordon-

XII.

Ordonnans en oultre, que si ceulx ayans fait ledit ferment, sont parapres conuaincuz d'auoir fait le contraire, ilz ne soyent point seulement puniz des paines statuées par nostredit placcart dernier, mais aussi de celle du periure par eulx commis, & qu'ilz ne soyent plus choisiz pour estre du Magistrat & loy desdites villes, bourgz, & bourgades.

XIII.

Et d'aultant que plusieurs Recepueurs, pour n'estre descouuertz d'auoir côtreuenu à nostredit placcart, ne font point eulx mesmes les payemens : ains donnent des assignations sur ceulx qui sont redebuables à leurs receptes, lesquels plus licentieusemét commettent lesdits abuz : Nous auons ordonné & ordonnons à tous lesdits Recepueurs, tant de noz Domaines que de noz Estatz, villes & aultres noz subjects, de faire eulx mesmes lesdits payemens, ou par leurs Commis, du faict desquelz ilz doibuent respondre, & non point par assignations, ne soit que lesdites assignations soyent données sur les aultres Recepueurs ayans pareil serment & obligation, à paine de suspension de leurs offices & administrations pour trois ans, & d'aultre correction arbitraire.

XIV.

Ayans aussi esté aduertiz que bonne partie desdits desordres procede de ce que plusieurs marchans & facteurs refusent d'achapter les ouuraiges & manifactures

des

des artifans & gens de meftier, s'ilz ñe reçoiuent l'or
& argent à tel pris qu'ilz le veuillent donner, ou, apres
le marché fait, rendent les marchandifes aux vendeurs
voulás eftre payez au pris ftatué par noftredit placcart :
Nous voulóns que contre telz monopoleurs & oppref-
feurs de la pouure commune foit procedé rigoureufe-
ment par emprifonnement de leurs perfonnes, & que
leur proces leur eftant inftruit fommairemét & crimi-
nellement, ilz foyent puniz de groffes amendes pecu-
niaires, & pardeffus ce banniz le terme d'vn an ou plus
long, felon l'exigence du cas, de tous les pays de noftre
obeyffance, auecq deffenfe d'y rentrer durant ledit
temps, à paine de correction arbitraire plus griefue.

X V.

De la mefme forte feront pourfuiuiz & puniz ceulx
qui font profeffió ou couftume de changer toutes fortes d'efpeces à plus hault pris qu'elles ne font eualuées
par noftredit placcart, & donnent en lieu d'icelles des
petites monnoyes pour faire les payemens aux Recepueurs & aultres, qui ne reçoiuent autre argent que de
permiffion.

X V I.

Et comme nous fommes auffi aduertiz qu'en aucuns
lieux les procez, qui font intentez pour la contrauentió
à noftredit placcart, s'inftruifent par demande, refpon-
fe, Replicque & Duplicque, Enqueftes, Reproches, &

Salua-

Saluations, comme en autres matieres ciuiles ordinai-
res; Ce que cause des grandz fraiz à noz officiers & re-
tardement à la iustice, &, qui plus est, empesche sou-
uent que la verité ne soit cognue : Nous auōs deffendu
& deffendons pour l'aduenir telle forme de procedu-
res, & voulōs, que quand quelqu'vn sera deseré d'auoir
contreuenu à nostredit placcart , Il debura comparoi-
stre en personne, & sans assistence de conseil, respondre sur les faictz qui luy seront proposez,

X V I I.

Et en cas qu'il confesse ladite contrauention , qu'il
soit incontinent & promptement condamné aux paines & amendes ordonnées par ces presentes,& le placcart precedent; ne soit que volontairement il declaire,
& que par son moyen l'on puisse conuaincre celuy,ou
ceulx,dont il auroit receu le mesme argent,aussi à plus
hault pris qu'il n'est permis , conformement à ce que
contient l'article sixiesme de nostredit placcart precedent.

X V I I I.

Mais s'il denie les faictz à luy imposez, Nous voulons que les tesmoings, qui en pourroyent auoir cog-
noissance,soyent secretemét interrogez,&, si besoing
est, recolez & confrontez , gardant en ce la forme de
proceder, dont l'on est accoustumé d'vser en matieres
crimineles, intentées criminelement, le tout som-
mairement & à briefz delaiz & peremptoires.

H 2   Enten-

X I X.

Entendans que ceulx qui auront receu argent cõ-
tre la prohibition de noſtredit placcart , & aultres ayans participé au meſme abuz, ſoyent admiz à rendre
teſmoignage, ores meſmes qu'ilz euſſent eſté les denõ-
ciateurs , le tout pour plus facillement deſcouurir leſdits excez, qui ſe cõmettent ordinairement fort ſecre-
tement.

X X.

Defendons ſemblablement à tous ceulx à qui ſeront
offertz quelques deniers d'or ou d'argent , à plus hault
pris qu'il n'eſt permis, de les receuoir, ſoubs proteſta-
tion ou declaration que c'eſt au pris ſtatué par noz
placcartz , & qu'ilz donnent ou quictent le ſurplus:
Le tout à paine d'eſtre tenuz d'auoir excedé le pris deſdites eſpeces , & comme telz puniz des amendes par
nous ordonnées.

X X I.

De meſmes paines ſeront puniz ceulx qui apres auoir
marchandé quelque choſe à florins, liures, ou aultres
ſemblables ſommes, preſentent quelques eſpeces d'or
ou d'argent, ſans exprimer le pris d'icelles, pour cou-
urir & deſguiſer l'exces de celuy ordonné par noz
placcartz, comme nous entendons ſe faire en aulcuns
lieux, contre noz bonnes intentions, & en fraude de
noz ordonnances.

X X I I.

Et pour mieulx deſcouurir tous les ſuſdits excés &
abuz,

abuz, dont la preuue eſt ſouuent fort difficile , auons
authoriſé & authoriſons tous Officiers de contraindre
tous ceulx qu’ilz ſcauront auoir receu quelque argent
pour vente de leurs marchandiſes, manufactures, den-
rées, ou aultrement , de declarer par ſerment quel argent ilz auront receu, à quel pris, & de quelles perſonnes , en les deſchargeant (comme nous les deſchar·
geons par ceſdites preſentes) de toutes paines & amendes par eulx encourues en ce regard, ſi auāt que prom-
tement ilz declairent la verité.

X X I I I.

Mais s’ilz font refuz de faire ladite declaration, Nouſ
voulons qu’ilz y ſoyent contrainctz par arreſt & deten-
tion de leurs perſonnes , & qu’eſtans trouuez auoir receu les monnoyes par nous permiſes à plus hault pris
que ne contient noſtredit placcart, ilz ſoyent condem-
nez es paines & amendes ſur ce ordonnées.

X X I V.

Auons ſemblablement authoriſé , & authoriſons
tous Officiers, de ſaiſir & ouurir les pacquetz, lettres &
valiſes des meſſagiers , qu’ilz ſcauront, ou preſumeront
porter argent , & ce en preſence de ceulx à qui leſdits
pacquets s’addreſſeront, & de quelqu’vn du Magiſtrat
du lieu : & ce à fin de ſcauoir le nom de celluy qui enuoye ledit argent, & le pris auquel il l’eualue, & non à
aultre effect.

H 3

Per-

X X V.

Permettons auſſi & conſentons par ces preſentes aux
Maiſtres Generaulx de noz monnoyes, de commettre
& deputer en chaſcune ville de noſdits pays, quelque
perſonnage, lequel aura, & luy donnons pouuoir &
authorité, de par preuentiõ à tous noz Officiers, (meſmes ceulx qui ont enferme les amendes dependans de
leurs offices) faire toutes calenges & pourſuytes contre
tous ceulx qu'ilz ſcauront auoir contreuenu à noſtre
preſente Ordonnance, & à la derniere ſur le fait des
monnoyes, & ce pardeuant le Iuge, ou Iuges, qui de ce
doibuent cognoiſtre, non plus ny moingz que pourroyent faire noſdits Generaulx des monnoyes, & leſdits Officiers des lieux. Entendãs auſſi que ledit Commis & Deputé iouiſſe du tiers des amendes & confiſcations, attribué par noſtredit placcart à l'Officier faiſant
la calange & execution, & que par tous Magiſtratz &
autres Iuges luy ſoit adminiſtré briefue Iuſtice, & ſom-
mairement, ſelon que cy deſſus a eſté dict.

X X V I.

Et pour ce qu'aucuns Magiſtratz & autres Iuges des
Prouinces, villes & lieux, qui par priuilege ſont exempts
de confiſcatiõ, craignans de faire prejudice à leurſdites
priuileges, n'adiugét point les confiſcations ordonnees
par noſtre placcart des mõnoyes, par où ceulx y delin-
quans ſont moingz puniz qu'é aultres places de noſtre
obeiſſance, Nous voulons qu'en lieu de ladite con-
fiſcation

fifcation, Ils foyent condamnez en autant d'amende
que la chofe (qui ceffant ledit priuilegie euft efté con-
fifquée) fera prifée & eftimée, pardeffus lefdites autres amendes, le tout en conformité des anciens Placcartz de noz predeceffeurs fur ce faictz.

XXVII.

Finalement auons ordonné & ordonnons bien expreffement & à certes, que noftredit Placcart du vingtvniefme de may mil, fix cent, dixhuict, foit entretenu
& accomply en tous & chacuns fes poincts, efquelz n'a
efté fait changemét par noftre prefente Ordōnance, la-
quelle voulōs eftre imprimée, tant en François, qu'en
Thiois. Si donnos en mandementà noz Trechiers, &
Feaulx, les Chief, Prefidés, & Gés de noz Priué & Gráds
Cōfeilz, Chancellier & Gens de noftre Confeil de Bra-
bant, Gouuerneur de Lembourg, Faulcquemōt, Dael-
hem, & aultres noz paysd'Oultremeuze, Gouuerneur,
Prefident & Gens de noftre Confeil de Luxembourg,
Gouuerneur, & Chancellier, & Gens de noftre Confeil
de Gueldres, Prefident & Gens de noftre Confeil de
Flandres, Gouuerneur, Prefident & Gens de noftre Cō-
feil d'Arthois, Grand Bailly de Haynnau, & Gens de
noftre Confeil ordinaire à Mons, Gouuerneur, Prefi-
dét & gens de noftre Confeil de Namur, Gouuerneur,
de Lille, Douay & Orchies, Bailly de Tournay & de
Tournefiz, Preuoft le Comte à Valençiénes, Efcoutette
H 4   de Ma-

de Malines, & à tous aultres noz Iusticiers, Officiers, &
ceulx de noz Vaffaux, qui ceregardera, leurs Lieutenans
& chacun d'eux endroict foy, & fi comme à luy appar-
tiendra, que cefte noftre prefente Ordonnance, auec
celle dudit vingtvniefme de May, mil, fix cent, & dix-
huit, ilz publient incontinent, & facent publier par
toutes lieux & limites de leurs Iurifdictions refpecti-
uement, où l'on eft accouftumé faire criz & publicati-
ons ; & la dite publication facent renouueller de trois
mois en trois mois, fans attendre aultre juffion, & au
furplus gardent, obferuent, & entretiennent, facēt gar-
der, obferuer, & entretenir nofdites Ordōnance en tous
leurs poinctz & articles felon fa forme & teneur, ceffās
tous contredictz & empefchemens au contraire : Car
ainfi nous plaift il. En tefmoing de ce nous auons faict
mectre noftre Seel à ces prefentes. Dóné à Mariemont
le douziefme iour de Septembre, l'An de grace, Mil,
fix cens, & dixnœuf. Mà. Vt.

Par les Archiducqʒ
en leur Confeil,

Verreyken.

Et font lefdites lettres feellées du grang feel de leurs
Altezes en cyre vermeille pendant en double quaüe
de parchemin.